동틀 무렵

인문학 시인선 043

동 틀 무렵
박광익 시집

제1쇄 인쇄 2025. 8. 20
제1쇄 발행 2025. 8. 25

지은이 박광익
펴낸이 민윤식
펴낸곳 인문학사

등록번호 제 2023-000035
서울시 종로구 종로19(종로1가) 르메이에르빌딩 A동 1430호
전화 : 02-742-5218

ISBN 979-11-93485-40-8 (03810)

ⓒ박광익, 2025
Printed in Seoul, Korea

*잘못 만들어진 책은 본사나 구입하신 서점에서 교환하여 드립니다.
*이 책은 저작권법에 의해 보호받는 저작물이므로 저작자와
 출판사의 서면동의 없이는 무단 전재와 무단복제를 금합니다.

인문학 시인선 043

박광익 시집
동 틀 무렵

인문학사

시인의 말

　1945년 8월 15일, 그 당시 내 나이 일곱 살 해방둥이는 동네 형님들을 따라 만세를 불렀습니다. 무슨 영문인지도 모르면서 무더운 한여름 땀방울 비 오듯 흘리며 만세! 만세! 만세! 신명나게 외쳤습니다. 그로부터 80년 강산이 여덟 번 바뀌고 상전벽해 같은 세상이 다양하게 펼쳐졌습니다.
　세계 전쟁 속에서 태어난 우리 세대는 8.15 6.25 4.19 등 역사적 능선 위에서 가쁜 숨을 내쉬며 돌부리 역정을 숲길 삼아 걸어야 했습니다. 그렇게 해서 지금은 미수를 지나 구순을 바라보는 인생황혼기에 서 있습니다.

　해방 이듬해 국민학교 입학과 함께 한글세대가 된 나는 마음속으로, 한글을 갈고 닦아서 무엇인가 써야겠다고 다짐했습니다. 우연이었을까? 중학 시절에는 성기조 시인(당시 광주농고 교사)이 저의 집에 기숙한 것을 계기로 시를 배웠고 고교 시절엔 장용학 소설가(무학여고 교사)와 함께 자취생활을 하면서 실존주의 사상을 알게 되었고 대학 시절엔 최정희 소설가(김동환 시인 부인)를 어머님처럼 모시며 사랑을 배웠습니다.
　대학은 우리 가문과 절친한 국어학자 김윤경님(연세대 교수)의 권유로 연세대 국어국문학과를 선택해
　국어학과 국문학의 세계를 평생 걸어왔습니다.

은사인 최현배 양주동 교수님과 박영준 박두진 조병화
이태극 장덕순 정병욱 선배 교수님으로부터 폭넓은
학문과 문학을 배웠습니다.
　구순을 바라보는 지금에서야 철이 들어 세상을 보는
눈이 넓어진 것 같습니다. 제 딴에는 문학의 깊이를 알 것
같지만 한편으로는 모르는 것 투성이입니다. "모르는 것이
아는 것이다"라고 설파한 성인도 계시지만 점점 모르는
것이 많아진 것 같습니다.

　중학생 시절, 학생 문예지 『학원』에 첫 시작품을 발표한
이래 평생 쓴 시 몇 백 편이 쌓여 있지만 시다운 시가
하나도 없는 것 같습니다.
　그래도 목숨이 다할 때까지 하나 정도는 시집으로
　남겨야겠다는 욕심으로 몇 십 편을 골라 『동 틀
무렵』이라는 표제를 붙여 출간하게 되었습니다.
　굳이 표제를 『동 틀 무렵』으로 제명題名한 것은
8.15 광복되던 해 마음먹었던 한글 사랑과 광복의
기쁨을 상징하고자 함입니다.

　근 현대사를 생생하게 체험한 인간사를 4기로 나누어
그 과제를 이미지화하여 정서적으로 읊은 것이 이 시집의
얼굴입니다.

제1부 '가교 시대'에서는 전쟁과 창조의 이미지를
제2부 '격변의 시대'에서는 문화와 문명의 이미지를
제3부 '갈등의 시대'에서는 종교와 철학, 문화와 문명,
인간과 자연의 갈등의 이미지를
제4부 '혼란의 시대'에서는 무질서와 극한의 이미지를
제5부 '재창조의 시대'에서는 미래세계의 이미지를
전통적 가락에 맞추어 노래했습니다.
　이는 좀 더 우리것에 대한 문제와 가치를 가까이하고자
함입니다.
　모쪼록 자유로운 마음으로 편하게 읽어 주셨으면
합니다.

　끝으로 이 시집을 위해 도움을 주신 모든 분들에게
고마운 말씀 사뢰옵니다.

　　　　　　　　　　　2025년 8월 15일 광복절에
　　　　　　　　　　　박 광 익

c o n t e n t s

004 시인의 말

1 가교시대

014 태초의 촌락
016 나그네 길
018 원시를 산다
020 역 없는 도시
022 가족
024 연가
026 노송의 풍상
028 실향기
030 여름 바다
033 가교 시대
034 낯선 도시 항구의 풍경
038 사발가

2 격변의 시대

042 봄밤
044 청사포에서
046 눈이 내리면
049 연인
050 석모도

052 길손
054 고향
056 너
057 아, 혁명의 그날

3 갈등의 시대

060 심는다는 것
061 오래된 물건
062 눈물의 다리
064 봄 숲을 걷다
066 병이란
067 아내
068 섣달 그믐날
070 그대
071 신촌역
072 소주
074 군밤 타령
076 다심
078 솔잎탕
079 이름 없는 세상
080 봄에게
082 봉녕사 스님들

4 혼란의 시대

084 삼복 타령
085 봄비
086 어떻게 사는가
087 삶
088 독신자
089 향수
090 아씨꽃
091 부부
092 꽃상여
094 봄꽃의 이야기
095 바둑
096 한의 정서
097 연
098 황혼의 자유
099 풍수 타령
100 원두막
101 어머니 묘비
102 을사년
103 혼자라서
104 길 위엔 숲이 있다

5 재창조의 시대

- 108 베틀 노래
- 110 여자 친구
- 111 봄이 오면
- 112 단골집 1
- 114 단골집 2
- 116 동 틀 무렵
- 118 매화 예찬
- 119 봄의 소리
- 120 동반자

산문
- 122 연세 58학번 후배 시인이 20년 선배 윤동주에게/ 박광익

평설
- 127 시의 거울 앞에서 자신의 삶을 담금질하는 노시인의 사유에 동참하다 /양병호

1
가교 시대

태초의 촌락

흙에 묻은 뿌리는 깊이가 있건만
열매의 맛은 왜 이리도 쓸까

한밤을 피울음으로 지새우고
그것도 모자라 가슴의 불을 질러놓고

막소주 한 잔에 하루를 접는 목마름,
뜨거운 목마름

온통 살점을 도려내는 피나는 작업이기에
아내와 나는 인생 팔십 년을 저당 잡힌다

아내 나는 땅을 헤집고 움트는
작은 생명들의 끝없는 몸부림

뜨겁게 여미어 오는 지혈地血을 먹고
푸르다 못해 검도록 바위로 자라

피멍이 든 아픈 세월들을
꽃으로 피운다
일렁이는 바람으로 피운다

뿔뿔이 흩어지는 새벽안개 속에서

밤새도록 뭍을 간통한 바다는
차라리 죽음의 포말을 토하고

달은 하얀 웃음을 뿌린 채
칼을 잡고 병정놀이를 한다

달이 뜨면 별을 노래하던
어느 시선의 가슴엔
허허한 우주가 있고

산정을 하늘로 오르던
피 흘린 역사의 등성이를 업은
태고의 촌락들은
아 눈물겨운 순수를 위해
죽음을 소생한다.

고향을 불태운 땅에서
조상이 뿌리고 간 씨앗으로
피를 먹고 자란 열매
비옥한 시간이 뿌려진
정오
태양은 알몸인 채 춤을 춘다.

나그네 길

꽃은 가을을 외면한 채
훌쩍 떠나버린 세월이 아쉬워
태양이 검었던
하늘을 주먹질 한다

더러는 숲 내음 철철 넘쳐
칡넝쿨 태우는 숯가마골
아슬한 봉우리에 구름을 따라
긴 여정을 동반했던
아! 너는 바다의 변신
심연의 어둠이
저 편으로 사라진 공간

공간은 무형의 형벌
부딪쳐 깨어지는 아픔보다
정지한 시간이 무섭다.

현대인은 죽음의 옷을 걸치고
관광버스를 탄
숙박 없는 여행자
어쩌면 목숨일랑

연실 끝에 매달고
얼레로 당기는 전율감 속에
또 전쟁은 스쳐 간다.

공존하는 것은
너와 내가 아니라
바람이다
와야 할 때 와서
이정표 없이 떠나야 하는
구름
잡힐 듯 잡혀지지 않는
허허장천虛虛長天 한 점
한恨
아픔이 없었던 길은
흙 내음이 없다.
눈물 뒤에 숨어서
하늬바람 일으킨 들녘
내일에 만날 수 없는 그 내일을
꿈길 따라 강을 이루면
상처 입고 방랑하는 나그네여
꽃을 띄우라

원시原始를 산다

칡넝쿨 얽힌 골짜기를
타고 넘어 오는 여명
어제를 잃은 목마름에
피보다 짙은 생명들이
오래도록 목을 축인다

무거운 침묵이
깊숙이 깔린
이 엄청난 시간의 뒤편에서
사나운 동물의 포효가
밀물에 잠긴
영겁의 일기들

시뻘건 강이 흐르고
십자가의 아픔이
골고다의 언덕을
넘어섰을 때
아! 하늘은 푸르렀다

동산엔 태초의 옷자락이
빨갛게 익혀진 창세기 제1장

수펄들이 잉잉거릴 때
뼛속 그 안에 묻힌 울음을 파헤친
원시림 호흡
산의 커다란 울림이
연연한 구름 저 편에서
메아리 쳐 터져 버린
핏빛 하늘

꽃잎에 반짝이는
아침 이슬 맺힌 슬기
지혈이 타는 훗훗한 입김
뜨거운 바위의 가슴으로
땅을 배게 하라
시뻘건 땀이 뿌려진 땅에
원시를 산다

역 없는 도시

침묵은 언젠가
저항할 때
용트림하는 바다 되어
커다란 원을 그린다
누적된 타성이
일순의 정의를 짓밟고 간
언저리
거름은 없어도 나무는 커서
모진 뿌리를 내린다.

역은 있어도 사람이 없는 도시
탈 곳은 있어도 내릴 곳은 없는
이 허허한 공간 속에
멎어 버린 현대
조선의 여인은
차라리 발가벗은 채
뙤약볕 아래 낮잠을 즐긴다.

시작은 있으나 종말이 없는
유랑극장
아슬하게 줄을 타는 곡예사는

그네를 넘지만
시간이 없는 유희는
상흔을 남긴다.

해탈^{解脫} 성불^{成佛}한 바위의
무거운 침묵
온 하늘과 땅 사이를
무겁게 드리운 정적^{靜寂},
여미어
여미어 오는 고독을 짓씹으며
너의 고백을 듣는 날
한낱 배달부가 되어
피맺힌 한을 전하리라.

가족

어느 해인가
만났다
만월성에 솟은 달이
만월대에 머물러
새남터에 졌지만
많은 사람들이 만났고
또 시간은 헤어졌다.

옥녀가 시집오던 날
청자 빛 하늘에 맴돌던
그 해맑은 웃음
싱그러운 열매가
몹시도 먹고프던 오후
사립문을 두드리는
아가의 울음.

열두 폭 병풍 동양화 속에
피맺힌 생명의 가락
아가는 잠들고
꽃술 드리운
눈썹 밑
이슬로 씻은
엷은 미소

뜨겁게 여미어 오는
기다림 속에
옷깃에 떨어지는 꽃 즙

옥녀를 쓰다듬는
이사달의 손길
꽃길 따라 불렀던
젊음의 바다
교감과 희열이 엇갈린
아자방 구석에 놓여진
백자 무늬가
왜 그리도 따사로운가.

꽃 강물 출렁이는
엄마의 젖무덤
곱게 다듬어진
눈빛으로
해가 쏟아진
아침
아가는 꿈을 자고
옥녀는
꿈길 따라 샘물 긷는다.

연가

가을이던가
무심히 꽃 지던 계절
뜨락 잔디밭 위에 뒹굴던
설익은 석류 한 덩이
석등 켜진 삼경에도
요염을 더해가는
그 희도록 현란한 나신

당신의 문은 열리고 있는가

창문을 박차고 치닫고 싶은
파아란 하늘
빈 가슴에 꽉 안으면
한 묶음의 꽃은
기품 높은 구슬과 옥같이
드높게 솟은 상감 무늬의 연
원무를 그리며 웃음 짓는
구름과 학의 무늬가 그려진 거울에 비친
아리따운 교태
구름으로 머리 빗고
아슬하게 타고 내려오는

연실 끝 새파란 날이
꽃비 내리면
강물은 어이 그토록
그토록 흐르기만 하는가

삼십삼천三十三天에 하늘을 날던
너의 지고至高한 몸짓
꽃 창살 앞문에 다가선다

또 하나 문은 열려 있는데
넘어서지 못할 밤길
어둠 속 가장자리를 돌다가
육십 촌에 열두 밤 지새우는
별빛 창가에서
화주火酒를 마시다 고달픈 비원悲願을
불경 읽는 범음梵音으로 만든 토우土偶인가.

노송老松의 풍상

하루를 셈하지 말라
그건 역류하는 생리로
역사의 반추를
시간에 멎게 하는
한 포기 애련한 목련이다

향기가 없었던 너의 웃음은
오월을 신작로 위에 버리고
그 거짓말 같은 4월의 이야기를
파도에 묻어 버린
계절의 반려자
고함치던 목소리 피로 물들고
가슴 찢겨져 울지 못했던
육십 평생 이슬로 젖어
어머님 주름살 위 내력이 낭자한
이정표
힘겨운 고갯길에도 나의 목숨 앞에 와 닿는
한 개의 별빛은 있다.

황제의 위엄 앞에서도
불사이부不事二夫를 외쳤던

도화녀桃花女의 정절
형벌을 분만한
신라의 사내가
소금기 절은 남도 사투리를 삼키며
전설을 씹던
어제는 패자敗者
오늘 꽃상여 메고
한낮의 그 쨍쨍한 꿈꾸며
구름 잡아 담묵淡墨한 필치로
그려낸 한 폭의 동양화
연륜의 깃을 달고
학이 날자 노송에 바람 인다.
바위 부서지는
달빛 그림자
우람한 아우성으로
가시마다 살이 묻은 장미를 열애하다

실향기 失鄕記

그 강가엔
벗들의 이야기가
숨겨져 있다.

나무들 바람으로 자라
삼태기로 감아 싼
남한강 두메
뚝방 언덕길
십여 리
가슴팍을 가로지른 꿈길마다
돌비가 뿌리고 간
어제의 부끄러운 이야기가 있다.

세월과 함께 흐르기만 한
저 끊임없는 자유의
도도한 가락
흩어진 채 모일 줄 모르는
풍진 세월의 깊은 곳을
강은 피를 토하며
우정을 이야기하고 있다.

보리가 익어가던 언저리
오월의 꽃술을 뿌리고
훌쩍 떠나 버린
1950년 6월 어느 날

탱크의 포성으로
피 울음 가득히 번진
그 역류의 수레바퀴 속에서
개구장이 열 살 또래의
사내아이들에겐
왜 그리도 하늘은 작게만 보였을까.

이제는 저마다
밤 하늘 별을 헤며
가라앉은 목소리로
이정里程의 등불 켜 든
바람 많은 고갯길
넘나들고 있는
불혹의 사내들
와서 멈춘 것은 바람뿐이다.
아- 지혈이 타고
부싯돌 치듯 와서 마찰하는 불꽃 마음
호미 끝 땀에 절은
무명 적삼 너머
어머니 젖무덤 속 같은
고향은
차라리 멀어서 슬픈 것
찢겨진 피리랑
땅에 묻으리.

여름 바다

태양이 불을 지른다
대지는 차마
빛이 없는 화염 속에
원시인이 되어
바다처럼
벌거벗은
그 알몸을 뜨겁게
용트림하는 계절

차라리 멀리서
바다는 여름을 외면한 채
바람이여
파도를 달래고
출렁이는 굽이마다
그리움 아파
퍼렇게 멍든
바위
이끼 위에도
뜨거운 입김으로
터져 나오는
8월의 합창

여신女神을 간음한 여름은
그 피맺힌 신음을
토하고
문명을 벗어 던진
광란하는 몸뚱어리들을
탐내는 사자의
울부짖음을 들었는가

오백 년 노송
뒤틀린 가지마다
바람이 으깬
자국들
너를 열애하다
망부석이 된
물거품의 십자가
바다여
너는 최초의 질서를 무너뜨린
처절한 절규가 있다.

목이 탄 흙을 배반한
거친 호흡으로

청산 바라보며
기쁨 안고
상어 떼 씹어
삼키던 돌고래
파도 몰고 오는
포용력

광풍은 짐짓
은밀한 음률로
바다를 작곡한다.

가교架橋 시대

하늘을 지붕 삼아
세월 따라 바람 따라
도심을 헤매이고
들판을 걸어 온
인생 길 나그네 길
여덟 번의 강산이 변하고
마음으로 보던 세상은
황금으로 뒤덮였다
황금은 빛이 있는지라
달에까지 이르고
사람들은 달구경에 나섰다

AI 로봇이 음식을 만들고
그림도 그린다
문명이 극한대로 이르러
문화의 문지방을 넘어 선다
사람들은 백 세 넘도록 사는 시대
사람은 사람을 넘어설 수 없을진대
문명이 문화를 넘어설 수 있을까
사람은 어떤 일이 있어도
사람이어야 하지 않을까

낯선 도시 항구의 풍경

1
뚜- 우-
어느 외항선에서 내뿜는
뱃고동의 각혈
거센 파도 일렁이는
불협화음으로
해변 시계탑 초침이
일 분간 멎었는데
꽃들이 오래도록 동면하던
1950년대
가난이 아린 꿈을
댕기에 감고
누나가 시집가던
잔칫날은 길기만 했다

사람은 많은데
집이 없는 도시
하늘이 푸르던 날
밀항선이 정박한 부둣가
색동옷 예쁘게 여민
꽃 파는 아가씨가 든

장미는 가시가 없구나

키 큰 이방인의
갈색 동자가 응시된
불야성
불꽃 튀기는 원색 나신裸身들
서투른 언어가
문명을 타고
허연 피부에 심장의 고동이 용트림할 때
높 곧은 코 끝에 자극된
김치 내음이
코리아에 부각될 이미지
거기, 피는 멎었다

2
고려의 하늘도
조선의 하늘도
아직은 푸르기만 한데
배암을 쫓던 이브의 가슴은
어전御前에 부름 받은
내시의 얼굴처럼

이지러진 것일까
아니면 아카시아 꽃술을 따는
꿀벌의 입술 같은 것일까

소라의 핏빛 외침도
조각난 조개껍질 위에 머물고
꽃상여 메고 간 신랑을 따라
돌바람 부는 언덕 위
모세가 버리고 간 그곳
동정녀의 불보다 뜨거운 노래를 불러라

역대 제왕의 고성이
출가한 승려가 득도한 모습처럼
높은 벼슬자리에 오른 선비의 가슴에 머물고
두 눈 부릅뜬 목을 베는 형리의
칼끝에 피 묻은 전말서
구원의 높이에서 떨고 있던
신앙이여
태양이 피를 토한 채
새벽이 없던 조국
십전 소설 장마루터에 날리던
내 고향 섣달은
가슴이 여윈 투박스런 사투리가
가난스레 세월을 깁고

외양간 어진 황소는
한 치의 사유^{思惟}로
조용히 인경을 울렸다

어두운 시간의 소리가 들릴 때
울음으로 익어진
까만 열매가
훌훌 떨어져 쌓인 가을 밭
피가 순결을 좋아하듯
이질적인 피는 썩어졌지만
이스라엘 소녀는
결코 울지 않았다

사발가 沙鉢歌

대한제국 광무 9년 11월 17일
덕수궁 위에 펼쳐진 가을 하늘은 높푸르다
석조전 앞 백일홍 가지 위에선
마지막 낙엽들이 소리없이 떨어지고
왕조가 무너지던 날 밤하늘엔 별빛도 보이지 않네
어쩌랴 경술국치의 한이 가슴을 짓누르는
함경도 두만강 물은 아직도 푸르른가
한 많은 타령이나 불러 볼 꺼나

석탄 백탄 타는데
연기만 펑펑 나구요
요 내 가슴 타는데
연기도 김도 없구나
에헤여 에헤야
어여라 난다 디여라
허송세월 말어라

우리의 강토는 그들의 발굽에 짓밟히고
백성들의 쓰라린 가슴을 어찌 할꼬

함경도 원산이 살기는 좋아도

그놈의 등살에 못살겠네

조상 대대로 땅 파 먹고 살아오던 고향 등지고
남부여대男負女戴하여 새로운 살 곳 찾아
만주 북간도로 떠나가는 유랑의 신세로다
기쁨보다 슬픔이 많아진 너와 나의 이웃들
가난이 깊게 파인 주름살엔 절박한 삶의 몸부림이
있다

삼천 리 강산
넓기는 하지만
너와 나는 갈곳이
그 어디란 말인가 에~

거칠어진 숨결 달래가며 떠나가는
유랑의 길은 언제나 멀고도 험하다
역사의 능선을 가로 지른 황토의 길은
언제나 어둠으로 이루어지기에
불모의 땅에도 꽃은 피는가

아버지 어머니 어서 오서

북간도 벌판이 좋다더라
쓰라린 가슴을 움켜쥐고
백두산 고개로 넘어간다
감발은 하고서 백두산 넘어
북간도 벌판 헤매인다

사발가에서 시작된 타령은
강물은 아프게 시름하여 느릿하게
함경도 노령 타령으로 이어간다
백두산 넘어 북간도에 이르기까지
애절하고도 비통한 타령이로다

2
격변의 시대

봄밤

아직은 칼날 같은 바람인데
비수를 품은 초승달이
북두성이고
첫사랑 울렁이는 가슴을
부둥켜안고서
강물이 그렇게 흐르듯이
흘러가잔다

칠흑의 밤
북풍의 광풍은
너와 나를 에이고
별자리 찾아
헤매던 초동樵童의
빈 자리 언저리엔
세월의 그림자
길게 드리우고 있는데

꽃봉오리 움츠린
봄밤
한 줄기 봄 햇살 내리면
못다 한 이야기

밤새워 꽃 피우리

끝내 죽지 않는 뿌리로
부활을 노래하고
삶의 슬픔을 파뿌리처럼 내려
내일을 열심히 살고 싶다

지순至純한 꿈으로
불모의 땅
꽃 피우게 하던 부표浮漂여
징~ 징~ 징~
쾌자 자락 너풀대며

가슴을 열고 너를 맞으리
하늘을 열고 너를 맞으리

청사포에서

오라
너 붉은 입술로
태양을 마시던 불길
오늘도 식지 않은
솟대처럼
뜨겁게 노래하는
동반자

외로우면
쪽빛 바다에 가리
부서지는 갯바위
인고忍苦의 세월을 씹고
몇 천 겁인가
비정의 침묵
언저리 씻어내는
겨울 별자리
곤히 잠든 영혼

한바다 외로운
돛배 띄워 놓고
너와 내가 가자던
그 먼 지평선
어영차 지어렁차…
노잣돈 두둑히 없는데

가는 길은 한 길
그 어느 연이야
다를 것인가

외로우면
쪽빛 바다로 가리
물보라 언덕
가슴을 때리는
그리고 퍼렇게
세월 언저리를 씻어내는
그 하얀 파문

언젠가 가 보리라던
수평선 넘어
그 먼 나라
거기 사랑이 잠들면
곤혹스레 살아온 인생
사념思念의 깊은 숲으로
달음박질하고
황혼 빛 현란한 기쁨이던가
마음을 열어
한 줄기 무지개 그린다.

눈이 내리면

눈이 내리면
동심이고 싶다

골목길 개구장이들이
우스꽝스럽게 만들던
눈사람 입가엔
아직도 함박꽃웃음이 맴도는가

초롱불 깜빡이던 밤
소리 없이 내리는 눈송이 따라
무명 옷 깁던
어머니
가슴을 적시고
세월을 여미며
억세게 키워낸
자식의 얼굴엔
순수가 있다

뽀드득 뽀드득
눈길을 밟으면
그토록 바람 잦던 지난날을 멀리한 채

세월 잃은 방랑자가 되어
영원을 가고 싶다

어쩌랴
눈부신 햇살이
설산에 가까이 오면
밤새 머금던 꽃송이
늘어진 노송의 가지 끝에 영글고
솔바람 스쳐 송이송이 떨어지는
저 무상한 생명들
와서 멈춘 것이 없으리

눈이 내리면
꽃이고 싶다

매화가지 끝
눈꽃 지면
움트는 새싹들
머지않아 겨울잠 깨뜨리는
교향악
어린 생명 속삭이는

노래 소리 들려 오리

눈이 내리면
새가 되고 싶다

어둠을 환하게 채색한
하얀 순백의 여백
나래를 퍼덕이며
무한한 공간을 나르고 싶은
저 절대 절명의
고독을….

연인

외로움은
밤을 모른다

한 점 두 점
흐르는 세월
백발이 어깨를
짓눌러 오면
그 순수한 꿈들은
두터운 어둠을 깨고
부활의 날개를 편다

나이만큼이나
외로움이 밀려오면
밤은 또 천의 얼굴로
이별을 연습한다

새벽이이면 온다던
그 님을 기다리며….

석모도

나고 드는 물살이 갈라져
작은 섬 이룬 곳
큰 섬으로 시집간
누나는 소식이 없고
갈매기 옷고름에 매달려
봄은 또 오는구나

점점이 이어진 해안 길
가파른 경사에 이르면
보문사 저녁나절
천 년 세월
범종은 또 그렇게 울린다.

낙조에 목이 타는 바다
산상의 초승달이 뜨기 전
애끓는 너의 몸부림
포도주 한 잔 마시면
인생은 취하고
저렇게 노을 지리라

시골 늙은이의 발길이

아직은 잔칫상 벌였는데
밤이 슬퍼
한 접시 불꽃 밝히면
나의 작은 영토는 어디 있는가

돛폭 찢어지는 아픔에
돌아서는 숲길
칡넝쿨 어우러져
산새 울면

그냥 그렇게 살리란다
바람꽃처럼 살리란다

길손

활활 타오른 불길은
꽃을 피우게 하고
활활 타오른 불꽃은
사랑을 태우게 한다

가랑잎 솔잎으로 타기 시작한 불길
나무로 숲으로 번져 불꽃 만들고
급기야 바람 불어 날아간 불씨
논두덕 밭두덕 길숲에 내려앉아
가을 겨울 지나 봄이 오면
예쁘게 돋아나는 새순
새 생명 피워서 한세상 살아가리

어두워 밤길 헤매는 길손에게
휘영청 밝은 저 달
당신 얼굴빛으로
산 아래 작은 마을 일러주던
새각시 마음 부끄러워
사과빛 빨갛게 물든 두 뺨
너의 달디 단 전율을 내 어찌 잊으리
첫사랑의 입맞춤을….

희디 흰 속살 보듬고
한밤 지새운 너의 옷고름 아래 깊은 곳
이름 모를 풀꽃 향기
새벽 밝히는 여명 길 위에 가득 채워
할 일 많은 길손아
청청한 솔가지 꺾어 불꽃 피워라
향내 나는 사랑 꽃 피워라
온 세상 밝혀 줄 태양처럼

고향

남한산성 턱 밑 아래
숯가마골은 내가 살던 곳
조선왕조 백자를 굽던
가마터가 여기저기 널려 있고
소나무 숲속을 흐르던
계곡의 차디찬 맑은 물이
백자의 살결을 닮아 하얗게 흘렀다.

꿈을 안고 서울 유학을 떠난 지
60여 년 만에 돌아온
내 고향 숯가마골은
옛적의 고향이 아니더라
봄이면 버들피리 꺾어 불고
삼복 더위엔 등물을 씻던
맑은 물은 어디로 갔는가

이 풍진 세상에
욕망의 때가 묻은 손길로
팔과 다리를 씻을 수 있을 거냐
덧없는 세상
무상하게 변하는 것이

세상의 이치이거늘
어찌 옛 향수를 더듬는가

그래도 나는
너른 고을 숯가마골을
너무나 사랑한다
조상대대로 물려받은
뒷동산에 묻힐 수 있고
아직도 텃밭에 푸성귀 심으며
어머님의 손맛을 맛볼 수 있는
고향이 얼마나 좋은가

살면 얼마나 더 살까
이만하면 살고도 남을
고향이 있다는 것이
내 인생의 행복이어라.

너

길고 가는 손

살며시 잡으면
벚꽃 같은
화사한 웃음
한 접시 담아내고

세상사 시달려
작아진 몸매
슬픔의 향기가
갈대숲을 덮는다

더러는 손 시려
호호 입김 불고
슬픔이 매운 소나타를 들으면
눈물겹도록
봄날은 멀다

아! 너는
아직도 겨울 들판의
마른 풀잎을 먹고
사랑을 이야기 하는가

오늘도 발목이 시린
들녘의 길은 먼데
산나리 꽃 꺾어 불고
봄나들이 간다

아, 혁명의 그날
- 4.19 65주년 기념에 즈음하여

혁명의 그날
아침 햇살은 황금빛으로 가득 찼다
가슴속 불타오르는 혈화산(血火山) 같은 불길
한 걸음에 달려간 젊은 동지들의 물결

그건 거대한 파도 같은 물결이었다
위정자 하수인들의 방패막이는 여지없이 무너졌다
그 물결을 누구가 막으랴
젊음의 피가 솟구쳐
온 강산을 물들인 피의 항쟁
인왕산 푸른 기와집 가까이에서는
탕~탕~탕~ 총소리 요란한데
젊은 동지들은 가슴으로 버티었다

그것은 진정한 용기일지니
젊음의 거센 파도 같은 물결의 흐름이었다
역사에 한 점 부끄럼 없는
자유 정의 진리의 물결이었다

3
갈등의 시대

심는다는 것

선산 밑 두마지기 논을
붉은 황토로 메꾸어 새 집을 지었다
그리고 겹벚꽃 세 그루를 심어
어느새 스물다섯 살이 되었네

이른 봄 따스한 날이면
분홍빛 얼굴이 그렇게 탐스러울 수 있을까
젊음과 아름다움이 내 마음으로 다가와
청춘이고 싶다

심는다는 것은
해와 달을 닮은 말없는 약속
버리고 갈 것만 남은 황혼에
한 줄기 찬란한 빛이어라
아름다운 꽃이어라

오래된 물건

나는 오래된 물건을 사랑한다
그중에서도 고서는 나의 생명이다
오랜 세월 사랑한 고서古書는
차곡차곡 서가에서 먼지가 쌓이지만
하나같이 내 곁을 지킨다
그러다가 어떤 날 먼지를 털고
곰팡이 냄새를 맡으면 눈이 반짝인다
진솔한 진실이 숨겨져 있는 고서는
황금 열매처럼 빛이 난다
범속한 사람들이 멀리할수록 나는 가까이서 보고 또 본다
보면 볼수록 세상이 넓어지고
진실이 쌓여간다
세상이 변해 컴퓨터가 등장하고
도서관 서가에서 종이 문화인 고서가 사라지지만
나는 언제나 고서를 지킬 것이다
컴퓨터는 과학문명이지만
고서는 정신문화이기 때문이다
문명은 기계요 생명이 없지만
문화는 생명이요 마음의 밭이 아닌가
과학이 인간을 지배할 수 없듯이
문명은 결코 인간을 지배할 수는 없을지니….

눈물의 다리

눈물은 말없는 슬픔의 언어
정한을 삼켜 버린 한 여인의 사연이
다리 위에 머물고
단필丹筆*의 교서로 사형장의 이슬로 사라진
남편의 혼백이 안개처럼 번진다

서울 서대문 밖 눈물의 다리는
순교한 수많은 넋들이
어느 거룩하고 깊은 절망에 비롯한 눈물이었기에
가슴에 치솟아 송골송골한 눈썹 아래 고인 것일까

자고로 조선의 여인네들이
정든 님 이별하고 돌아서면
어깨를 들먹이며 옷고름으로 씻어내는 눈물자국은
차라리 한 폭의 동양화다

때와 곳이 다르지만
넘쳐날듯한 그 눈물을 잠가 버린
옛 여인들의 피맺힌 의자가 과연 무엇일까
조상대대로 이어진 겨레의 핏속에
숨 쉬고 있는 생명이어라

순교와 순국의 발자취는
어제와 오늘이 같거늘
사형장과 형무소가 무엇이 다를까
가시밭 발자취가 어려 있는
그 기나긴 고목의 열매를 맺게 한
역사는 처절한 것이렷다.

*단필 : 임금이 붉은 색 글씨로 죄와 형을 정해 기록한 교서

봄 숲을 걷다
-들꽃들의 이야기

고요한 아침햇살이
봄 숲을 덮으면 긴 겨울잠에서
깨어난 나무들과 풀들이 기지개를 펴고 하늘을 우러른다
물이 올라 탱탱해진 나무줄기의 숨 고르는 소리와
언 땅을 뚫고 올라오는 풀들의 억센 뿌리의 역동적인
생명 가득 찬 소리를 듣습니다.

그 중에서도 가녀린 새싹들이 잔설 덮인
땅을 헤집고 올라오는 들꽃들의 이야기 속에는
눈물 나는 시련과 지혜로운 변신을 읽을 수 있습니다
부지런한 들꽃들이 큰 나무들이 잎을 펼쳐
하늘을 가리기 전에 몸을 낮추어
햇볕을 독차지하기 위해 하나같이 키가 작습니다.
겸손의 미덕입니다.

때로는 작은 것이 큰 것일 수 있습니다.
생명의 소리가 있기 때문입니다.
생명을 잉태한 들꽃들은 저마다 숨은 이야기가 있습니다.

3월이 되면 색깔이 연하고 보송보송한 솜털과 환하게
웃음을 주기도 하며 동네잔치를 벌여
별들이 하늘에서 쏟아지듯 야단법석을 떨기도 하지요.

노루귀 복수초 바람꽃 모데이플 등이 그들입니다.
4월이 오면 들꽃들은 좀 더 색깔이 진해집니다.
앉은뱅이 제비꽃 깽깽이플 애기나리 설액초 등이 저마다
다른 모습으로 자신의 모습을 드러냅니다.
고만 고만한 풀들이 생그르 피어나기도 하고
아름다운 빛깔로 꽃송이를 피우기도 합니다.

그런가 하면 군락을 이루며 땅 위를 덮는 풀과
화사하고도 맑은 빛깔의 풀꽃도 있습니다
봄의 여왕 5월이 되면 풀꽃들의 잔치는 더욱 화려해집니다
은방울꽃 피나물꽃 매발톱꽃 금낭화 등은
봄의 향연을 일으킵니다.
순백의 은종들이 조랑조랑 달린 꽃과
황금빛 물결이 일렁이듯 아름다운 꽃도 있고요.
독특한 빛깔을 뽐내는 꽃이며 아름다운
주머니를 닮은 꽃들도 있습니다
각기 다른 이야기 속엔 저마다의 소리로 이야기 잔치를
벌입니다
  봄이란 계절은 이야기들로 가득 찬 들꽃들의 세상입니다
  한결같이 즐거움과 웃음을 던져주는 봄의 전령사들입
니다.

병이란

병이란
시시때때로 찾아오는 불청객
반길 수 없는 단골손님
시작도 끝도 없는
무한한 시간의 반려자

아픈 영혼의 깃을 달고
육신의 곳곳을 헤맨다
아픔과 서러움이 함께 몰려오면
신음과 고통보다 더한 죽음을 본다
그리고는 언제 왔는지도 모르게
훌쩍 떠나 버리는 자취 없는 그림자
병이란 그냥 그렇게
잠시 왔다 가는 그림자 없는 나그네

삶이란 또한 병을 닮아가면서
세월을 깁고 영혼을 깁고
아름다운 마무리를 위해
함께 가는 동반자이기를

아내

미우면서도 어여쁜 사람
마음씨가 고와서 언제나 손해 보는 사람
그대 여읜 지 십여 년 지나
마음처럼 눈물처럼
내 앞을 가리는데
타는 노을 가슴에 안고
도란도란 밤새 속삭이다가
아침 먼동이 틀 때
눈부신 햇살을 어찌 맞을까

꽃잎을 먹고 자란
당신의 모습
외진 들녘 새순 돋듯
부활의 날개를 달고
이승에 와서
다시 한번 살아 보렴

우리들 평생 살아온
이사달과 아사녀의 몸부림
그냥 그렇게 남아서
내 마음속에 뒷산 무덤에
봄눈처럼 살아 있을
깨끗한 사랑으로
흰빛도 따뜻한 손길로
그대 손잡아 주리다

섣달 그믐날

고향은 언제나 마지막 여행지
떠났다가 다시 오는 곳
느린 기차 타고 내린
한적한 시골 역사 마당 모퉁이엔
천년을 약속한 주목 한 그루
마을의 풍상을 엮어낼 당상나무
그 긴 이야기 속엔
쇠스랑 지게 위에 얹고 언제나 황소를 앞세운
아버지의 힘겨운 인생이 있다

돌담 골목길 돌아 사립문 열고 들어서면
초가지붕 위에선 모락모락 연기가 솟아오른다
무명 솜바지 갈아입고 부엌에 들어서면
어머님의 이마를 닮은 가마솥에는
구수한 내음의 서린 김이
온통 시장기를 더욱 재촉한다
서리태를 얹은 콩밥에
김장김치 손가락으로 찢어
한 숟가락 꽉 차게 씹으면 산해진미가 이보다 더할까
마지막 얼음 섞인 동치미 한 모금 마시면
지상의 낙원은 따로 없다

오늘은 동지섣달 기나긴 그믐날 밤
콩기름 바른 장판 위에
따뜻하다 못해 뜨거운 잠자리
두터운 솜이불 덮고
드렁드렁 코를 골며
도회의 근심 걱정일랑 묻어두고
이 긴 그믐날밤 겨울 속 깊은 잠을 자련다

그대

첫사랑 그대
지금은 어디 있는가
눈 내리는 고궁 뜰에서
진달래 피는 성벽 아래에서
만나고 헤어진 지
칠순이 지났건만
차마 잊지 못할
순결한 사랑

젊은 가슴 물결에 밀려
솟구치는 물보라처럼
꽃술 터지는 아픔처럼
아련히 떠오르는 첫사랑
눈물 씻기운 이별가를 부르고
오늘도 황혼 속 무지개를 바라보며
그대 달항아리 모습을 그려 본다
젊은 날 봄꿈 꾸며
꽃보라 언덕길을 걸어가 본다

신촌역

무악산 아래 남매처럼 남녀 대학이 나란히 서 있고
젊은 학생들이 하숙하던 마을이 언덕 위에 있다
마을 한가운데를 흐르는 창천 냇가에는 맑은 물이 흘러
아낙네들이 빨래하던 동네
고향을 등지고 서울 유학 온 학생들이 하숙하던 마을
민족시인 윤동주님은 하숙방 창 너머 고향 못 잊어
별을 노래하던 동네
동네 입구 창천 냇가를 건너 백양나무 숲길을 올라가면
밤나무와 벚나무 우거진 아카시아 언덕 길이 열려 있고
고향을 떠난 외로운 젊은이들이 모이던
아름다운 곳
때로는 사랑과 정열로 영원을 노래하던 만남의 터전
언젠가는 통일호를 타고 북녘 땅
압록강과 두만강 모래밭을 밟을 수 있는 날을 상상하면
가슴이 찡하다

달려라 열차야!
통일을 향해 태극기 꽂고
만세를 부르는 열차를 타고 싶다

소주

"소주 한 잔 해"
이 한 마디 말 속엔
슬픔과 기쁨을 함께 한 눈물이 어려 있다
슬퍼서 한 잔 기뻐서 한 잔으로 시작한 술은
독주 대작주 폭탄주 끝내는 만취에 이르러
아침나절 마시는 해장술로 끝장난다
조상 대대로 이어진 가양주家釀酒의 나라
소주병의 변천사가 말해 주듯
고려조 조선조 일제강점기 역사로부터
도시화 산업화 민주화로 변천된
한국 현대사의 그늘 속엔
언제나 소주가 있다

소주 한 잔에 "캬야!" 하는 거센 소리는
혀뿌리가 목구멍을 막는 어금니 소리
가슴을 불사르는 억센 인생사의 일상이 있다
조선조 육조 거리 피맛골 노포와
첨단 빌딩 아래 모퉁이 길에는
사시사철 포장마차가 열린다
유난히 많은 안주와 소주의 어울림
고된 일 마치고 땀 속에 마시는 한 잔의 소주

거기엔 희로애락 인생사의 뒷자리
그래서 포장마차는 언제나 따뜻한 정이 넘쳐흐른다
비오는 날 창밖을 바라보며
홀로 마시는 술의 정취는 한 편의 예술이다
그토록 밤새껏 마신 술에 울렁거리던 속도
해장국과 소주 한 잔 마시면 뱃속이 시원하다
콩나물 다슬기 선지 북어 복어 등 다양한 팔도 해장국은
술이 주는 아침의 성찬이다

"소주 한 잔 해"
그 보편적 대중말은
한국적 정서의 정체가 아닐까!

군밤 타령

동지가 지나 섣달이 오면
함박눈은 산처럼 쌓인다
시꺼먼 하늘에서 내리는 눈이
길가에 쌓이면
군밤 장수 손이 바쁘다

"에헤여 군밤 사려
구수한 군밤 사려"

길게 늘어뜨린 목청이
골목 안 길까지 떨어진다
가을 풀내 듬뿍 삼킨 알밤은 숯불 속에 마성을 드러내
맛과 향내 나는 노르스름한 살결로 거듭나는
변신의 결정체

아버지는 함박눈 내리는 깊은 겨울밤이면
언제나 오버 주머니 속에 그 맛나는 군밤을
잠자는 내 머리 맡에 살며시 놓고 가신다
겨울밤 긴 이야기 속엔
아버지의 따뜻한 손길을 어찌 잊을손가.
계절이 수없이 오고 가지만

어린 그 시절 함박눈 내리는 겨울밤을 회상하면
군밤이 있기에 한겨울 이 밤은 결코 춥지 않으리

"에헤여 군밤이여
향내나는 군밤이여"

다심茶心

차는 맛과 공간의 어울림
고즈넉한 한옥에서 비전차秘傳茶 한 잔의 여유
이보다 더한 신선이 따로 있을까

오죽과 야생화 그윽한 한옥마당
그 곁에 커다란 향나무 탁자에 앉아
전국 산야를 다니면서 채취한 찻잎을 우려내
한 모금 마시면
가야금 열두 줄 가락에 오감을 불러일으켜
날마다 지쳐가는 현대인의 일상사와 아픔과 상처
피폐해 가는 마음 다독이며 상생의 기쁨을 주기도 한다

인생은 저 둥근 달빛 만彎이랑 구름밭 같기에
거문고 같은 시로 사는 것이 향기롭고 충만해
달빛 머금은 은제 다기茶器의 멋진 잔 위에
향이 모락모락 피어오름은
영혼의 쉼터를 찾아가는 길일지니
아침이 오면 온갖 나무들이 꽃망울 터트려
봄 꿈 꾸며 꿈길 따라 향기로운 월궁月宮을 들여다보면
사특함은 멀어지고 아름다운 가슴이 열린다

차를 마시는 마음은
육신을 씻어주는 마음 밭
그곳에서 명상의 깊은 잠을 누리고 싶다
다도茶道는 종교요 마음의 평화이다

솔잎탕

한여름의 열기가 솟아오를 때
도시의 숲을 헤매다 한숨 쉬어
땅 냄새 옹기로 빚은 물항아리 속에
그득 채운 옹달샘 맑은 물을 다관^{茶罐}에 부어
식힘 사발에 솔잎을 내려
소래기 습식 찻잔 위에 받쳐놓고
솔잎탕 한잔 마시며
구름 위에 구름 흐르는 하늘을 우러른다

찻사발 속으로 한여름 녹음이 내려와 앉고
마음은 청산이 되고
오지 않은 님을 기리며
찻물 담은 옹기 잔 하염없이 되뇌며
홀로 마시는 한 잔 또 한 잔
두런두런 계절을 붙들고
사랑하던 그 님과 거닐던
오솔길 우거진 숲을 헤매다 깊은 골 넘기도 하고
물 아래 물 흐르는 옥수 속에 발을 담근다
바람은 자꾸 산내음 소리 일구고
넓적한 바위 위에 옹기잔 한 잔 마시며
시원한 계곡 물소리에
여름은 어디론가 비껴가리니….

이름 없는 세상

어쩌란 말이냐
저 붉게 타오르는 노을이여

가슴을 태우고
그것도 모자라 영혼을 태우고
바다 물로 먹을 갈아
구름으로 붓을 잡고
하늘을 종이 삼아
한 줄의 시를 쓴다

세상은 이름 없는 곳
범속凡俗한 세상을 유랑한다
육신을 태운 재로 흙에 묻히면
우주를 유람한다
덧없는 인생 한없이 유랑한다

봄에게

안주安住한다는 것은
자신을 잃는 것

산같이 밀려오는
어둠의 그림자

하여 깊이를 알 수 없는
심연의 고독

유랑지의 풀꽃이
봄소식을 알려오면

강남에서 날아온 제비
날개를 파닥이며 계절을 반역한다

그렇게도 목말라 헤매던 젊은 시절
슬픔이다가
눈물겹도록 이슬이다가
촉촉이 젖어 오는
황혼의 들길에서
잃어버린 세월을 반추한다

너 누구를 위하여
행진곡을 연주하는가

봄은 벌써 안개꽃 갈아입고
서럽게 가난하던 날에도
푸르른 고독을 노래하는
셀레이는 바람인 것을….

봉녕사 스님들

도심에서 가까운 숲속에
비구니들이 사는 곳 봉녕사奉寧寺가 있다
승가대학이라 이름하여
수행의 참뜻을 체득하는 곳
자자自恣 통해 스스로 참회하면서
인생을 정리하고 자기 질서를 창출한다

영역을 넓히면 함께 사는
공존의 사회가 된다
이를 지키기 위한 엄한 규율과 법칙이 따른다
가을이면 농사를 마무리 하듯
수행도 인생도 마무리해야 한다

가을은 정이 익어가는 계절
문화의 깊이를 깨닫는 순간
새로운 생명들을 어떻게 받아주는가
음식을 만듦은 수행이자 생명을 이어가는 것
겨울 채비 김장 김치는 수행의 마무리
김치독에 하얀 눈이 쌓이는
청정淸淨의 세계
거기에 참된 수행이 있으렷다

4
혼란의 시대

삼복三伏 타령

초복의 더위는
외로움을 주지만
중복의 더위는
고독을 준다
외로움은 운명이라면
고독은 숙명적이다
운명은 상대적이지만
고독은 절대적이다
그러나 말복의 더위는
바람과 강물이다
살랑살랑 가을바람 불면
흔적없이 사라진다
강물처럼 흘러서
세월 속에 사라진다.

봄비

계절의 시계는 청명을 지나고
봄비가 내린다
가슴을 짓누르는 세월의 그림자가
봄비에 스며든다
어린 시절 어머님의 손맛 깊은
돌나물에 보리밥 비벼먹던
그 흙내음 물씬한 먹거리
거기에 추억에 강물이 흐른다
세월을 붙잡을 수 없듯이
인생은 무상한 세월
가고 없는 것
이제 인생소풍 끝내고
영혼의 깊은 잠 청해 본다.

어떻게 사는가

나는 이미 죽었다고
모든 것을 내려놓으면
어디서 누군가 달려와
죽을힘으로 살라고
그 짧은 순간이
인간의 삶이란다
인생은 느긋하게 살다가
미련 없이 가는 것
그 짧음은 순간이 아니라
인생에서는 영원이라고
그래서 영원은
짧은 순간에 이루어지리다

삶

삶은 사유思惟다

삶은 여백과 여운이다

삶은 탄생이요

죽음의 순환이다

삶은 양자의 원리요

남과 여의 지게와 작대기처럼

물리의 실체다

삶은 영원한 우주의 질서이다

독신자

외롭고 서러워 밤을 여는 사람
낭만의 가락이 없기에
밤하늘 별을 따서
그리움의 손수건 만들고
이태백이 노닐던 월궁에는
월녀 공주가 없기에 월계수뿐이다
때 아닌 철에 눈이 내려
상고대 가지마다 눈꽃송이 피는 산골짜기
거기가 내가 찾는 고향이다

그리움이 쌓이지만 혼자가 좋다
사랑이 없기에 침묵으로 다스린
세월을 깁고
무상의 고갯길 넘는 나그네
언제나 혼자라서 좋다
무거운 짐이 없기에
버릴 것 없는 홀가분한 마음
독신자의 향수란 바로 그런 마음
동이 트는 여명
붉게 태양이 타오르면
하루만의 여행은 외로움으로 끝난다

향수

그리움은 동심이다
동심은 순수하고 맑기 때문이다
그리움은 어머님의 품안이다
어머님의 품안은 언제나 따뜻하기 때문이다

그리움은 고향이다
고향은 어느 때나 떠났다가 다시 오는 곳
마지막 여행지인 거기엔 향수가 짙게 배어 있기 때문이다
평생의 그리움은 나무와 같다
나무는 항상 그 자리에서 성장하며
정중동靜中動하는 나무는
자연의 순리를 따라 영원한 그리움을 주기 때문이다

그리움은 고향 뒷동산이다
그곳은 때가 묻은 나의 육신을 영혼으로
잠재울 수 있기 때문이다
동심에서 비롯하여 영혼으로 끝나는 그리움은
작은 나에서 큰 나로 끝나는
아름다운 마무리이자 마음의 평화다

아씨꽃

청천 하늘 아래 꽃비가 내리고
꽃마차는 달린다
청춘을 싣고
세상 구경 가는 길
바람결에 가슴속 꽃송이 피어나거늘
겨울 내내 견디어낸 그 아린 흔적들
아리아리한 줄기 끝에 영그는 꽃송이
개울물 자작하게 흐르는 숲속에서
피어나는 여리고 고운 아씨꽃
처음이자 마지막 이별을 알리는
너는 정말 미운 꽃 고운 꽃
숨가쁜 세월아
그렇게 바쁘게 갈 마음일랑 거두고
쉬엄쉬엄 내 인생처럼 가려무나

부부

삐걱거리던 청춘 그와 만나 알콩달콩 사랑 나누고
중년에서야 오는 정 가는 정 살아왔으며
파뿌리로 자란 지금에사 쉬엄쉬엄 산길을 걷는다
바람 같은 세월 속에 함께 걸어 준 나의 반쪽
서로 다른 반쪽이 나를 따라오면
세월의 단맛이 배어 나온다
지글지글 맛있는 소리에 군침을 삼키고
통째로 먹어치운 인생 나들이
맛을 모르고 어떻게 청춘의 멋을 부릴 수 있는가
하지만 함께 나누면 더 깊어지는 맛
청춘이 다하지 못한 백발의 서러움
같이 할 수 있는 시간이 얼마나 남았을까
머뭇거릴 시간도 여유도 없다
왔던 길 되갈 수 없는 벼랑 끝 몰린 황혼
반쪽과 더불어 한평생 세상 구경 다했으니
가도 좋다는 푸른 신호등이 도심 한복판에 서 있다

꽃상여

꽃마차 타고 시집 온 우리 어머님
꽃상여 타고 저승 가시네
이승은 가깝고 저승은 먼데
그렇게 먼 곳만을 찾아 가시려나
평생 흙과 씨름한 고달픈 여정
맵고도 아린 시집살이 지워지지 않을 기억 되새기며
잔잔한 마음으로 뒤돌아보면
여인의 삶은 억울하기 짝이 없네
때로는 분노가 하늘을 찌르지만
여자라서 참으며 살아온 짠 인생
시리고 쓴 시간의 그림자들

삶은 우리를 속여 왔지만
당신의 삶은 언제나 정직한 주름살
땅의 순결을 천생연분으로 여기시어
흙과 더 불어 살아온 삶은 잊은 채
한번 가면 오지 않는 길 건너시네
아들 하나 잘 되라고 장독대에
올리신 정화수 한 사발
거기 묵은 간장이 긴 세월을 말해 주네
4월 봄바람 곁에 휘장 날리며

명정을 앞세운 상주의 눈가엔
눈물까지 메말랐거늘
향토꾼의 구슬픈 목소리가 산자락을 울리네

살았을 제 이생이요
죽어지면 저생이라
혼령은 귀신 되고
신체는 송장일세
부귀 영화 무슨 소용일까
인생은 일장 춘몽
가는 곳이 극락이라
이제 가면 언제 오나
<u>오호 오호 오호 오호</u>
<u>오오 호호 오오 호호</u>

봄꽃의 이야기

가는 세월 오는 세월 속에
비바람 깎이는 대로 안으로 채찍질 하여
부드러운 나뭇잎 속에 목을 파묻으면
언 땅에서 솟아난 한 포기의 나무와 같다
그래서일까 모진 추위 이겨내고
감춰진 슬픔은 나를 슬프게 한다
잔설殘雪을 제치고 햇빛 따라 고개를 들어
한 송이 꽃으로 예쁘게 웃는다
이른 봄 눈서리 차갑기만 한데
살며시 왔다가 살며시 가는
봄이 아닌 인생이라면
인생은 잠시 왔다가 그냥 그렇게
가는 나그네
가는 봄 아쉬워 소쩍새 운다
도둑맞은 청춘이 아쉬워
봄은 온 것이 아니라
서릿발 얹은 나의 인생은
봄이 다시 지는 것을 아쉬워하지 않는다

바둑

바둑을 두는 것은
자신의 마음을 가다듬어
삶의 지혜를 찾는 시간이다
놀이 중 바둑 놀이는
진종일 자신과의 싸움이다
바둑판을 구경하던 나무꾼은
도끼자루 썩은 줄도 모르네
바둑 놀이 오가는 세월
바둑의 삼매경은 놀이의 삼매경이다
인생 놀이도 바둑을 닮아간다

일수불퇴一手不退
고저장단高低長短
사소취대捨小取大

바둑의 말은 삶의 축도, 인생의 길이기도 하다

한(恨)의 정서

이별할 제 손수건이 있듯이
사랑할 때는 눈물이 어려 있다
구름이 비가 되어
꼬부랑 고개를 뿌릴 제
꼬부랑 할멈이 높다란 고개를 넘어 선다
인생은 이렇게 왔다가 저렇게 가는 것
바람처럼 왔다가 바람처럼 가는 것
아지랑이 낄 때 청춘이 왔건만
노을 진 황혼엔 파뿌리 백발이 나부끼고
무지개빛 하늘엔 인생이 파도 치네

연 鳶

정월 보름 밤하늘엔
헤일 수 없는 별들이 반짝이고
둥근 달이 떠오르면
얼레 감긴 실줄 풀어
홍꼭지 청치마 바둑 연을 하늘 높이 띄운다
얼레 끝에 일어나는 청춘의 꿈과 사랑 실고
하늘 드높이 날린다

이제 어디쯤일까
아마도 구만 리 장천에 머물렀으리라
가슴 작은 나의 가냘픈 꿈을 펼치고
자유를 만끽할 찰나
그러나 어쩌랴 일순의 거센 바람 타고
연 줄이 끊어질 줄이야
저 늙고 지친 고목 가지 위에 매달려
떨고 있는 홍꼭지 연을 보라
차마 못 끊는 정일랑
이어진 실사 끝 향수의 한 조각
조각조각 못 이룬 하얀 꿈들이
모진 바람에 몸부림치고
정월 보름달 계수나무 끝자리에
처량히 머물렀구나

황혼의 자유

끈끈한 정과 피로 맺어진 가족의 품으로부터
신의와 지조로 읽혀진 사회적 동료의 끈으로부터
삶의 무게를 견뎌낸 직장 동료의 끈으로부터
사랑과 욕망으로 점철된 아내의 품으로부터
목숨까지 내어줄 인생의 동반자 벗들의 끈으로부터
길게 이어진 인연의 끈으로부터 벗어나
새처럼 자유로운 이 몸
훨훨 창공을 나르고 싶다

때로는 눈비 맞으며 혹독한 어둠의 시절을 보냈고
봄처럼 화사한 꽃잎 속에 묻힌 젊은 시절도 있었다
하지만 다 지나쳐 세월 속에 묻혀 버리는 것
미수*壽에 와서야 이렇게 자유로울 수 있을까
먹고 싶을 때 잠자고 싶을 때
죽고 싶을 때 마음대로 움직일 수 있는 이런 자유
인간은 태초로부터 자유로운 것이 아닌가
흙으로부터 자유로운 몸
흙으로 돌아 갈 때도 자유로워야 하는 것 아닌가
자유는 자유를 누릴 때여만 진정한 자유이다.

풍수 타령

고향 떠나 시정^{市井}에서 본 산은
높게만 보였는데
시류^{時流} 떠나 귀향해서 30년 본 산은
숨을 쉬고 있다
그렇게 활력이 넘칠 수가 있겠는가

이제야 산이 산같이 보인다
물도 또한 고향 떠나 시정에서 본 물은
흐르기만 하였다
세속 떠나 귀향해서 30년 본 물은
잠을 자고 있다
그렇게 고요할 수가 있겠는가
이제야 물이 물같이 보인다

산은 숨을 쉬고 물은 잠을 잘 때
나는 평화로운 세상을 느낀다
산은 산같이 물은 물같이 보일 때
나는 인생의 행복을 누린다
산과 물을 좋아하는 나는
고향 땅에서 영원히 잠들고 싶다

원두막

삼복 한철 무더위 속에
청천 하늘에 소나기 쏟아지면
원두막은 제격이다
짚으로 엮은 지붕 위 사다리 타고 오르면
아늑한 마루 천장이 마련되고
사방이 훤히 보이는 이곳
이름난 정자가 따로 없다
땡볕에 농익은 참외의 달콤한 향내
시장기 잦은 동심의 코끝을 맴돈다
달이 뜨고 별이 쏟아지는 밤이면
야반 참외 서리는
장난꾸러기 또래들의 스릴 넘치는 놀이다
유난히 장난이 심했던
어린 그 시절
향수어린 세월 속에
원두막의 그림은
나의 사생화이자 동심의 원조다

어머니 묘비

당신 하늘나라 가신 지 십여 년
가슴 속에 묻어둔 그 숱한 사연들
한 줄의 시로 어떻게 마무리할 수 있을까
종친 어른들의 외면 속에
선산 외진 곳에
당신의 묘비를 세우고
당신께서 물려주신 붓으로
넉 줄 마흔네 자를 새겼습니다

김순례의 묘
자녀에겐 희망을 이웃들엔 사랑
베푸신 당신의 의로운 삶 기리옵나니
하늘나라에서 평화 누리소서

저 하늘 아래
무엇이 넓다 하리오
당신의 품 안은 바다처럼 넓고
평화스럽습니다

을사년 乙巳年

을사년은 언제나 을씨년스럽다
그래서일까 을사년은 서럽다

1905 을사년은
을사늑약으로 왕조가 무너졌고

1965 을사년은
군사정권의 군발에 국토가 물들고

2025 을사년은
사상적 이념의 갈등과
무질서의 시대를 연출하고 있다

우리 현대사의 역정은
언제나 격동의 역사
거센 물결 격랑 속에
가난과 굶주림으로 숙명처럼 살아야 한다
가난과 인고의 세월이 지나면
찾아오는 공허감
어디서 시작해서 어디서 끝날 것인가
자연의 질서는 오고 가는 것
돌고 도는 물레방아
역사는 항상 술래잡기란다

혼자라서

홀로된 지 십여 년
혼밥 혼술은 이력이 난다
동냥 아닌 구걸로 배를 채우고
시간에 지쳐서 세월은 느리고
하루의 해가 마냥 길기만 하다
서럽게 살아 온 인생
또 서럽게 살아간다
장독대에 묻어 둔 된장처럼
묵은 세월 진국 냄새 같은 인생은 없을까
끝없는 방랑에 바람처럼
살아야 하는 나그네이거늘
무엇을 탓하랴
하늘에 두고 온 향수의 손수건
흔들 수밖에

길 위엔 숲이 있다

인생은 가지 않은 여러 갈래 길
그 길 위엔 언제나 숲이 있다
사철 변하는 계절에 빛깔이 다르듯이
사람마다 보이는 빛깔은 다르다
봄날이 오면 먼지 뿌옇게 휘날리는
신작로 위엔 동심이 깔려 있고
여름이 오면 울퉁불퉁 돌밭 길에
숲속 낭떠러지를 걸어야 하는
청년의 뚝심이 있다
가을 하늘이 펼쳐지면 지고한 푸른 빛깔의
장년의 바다 같은 마음이 있고
겨울 흰 눈이 쌓인 텅 빈 들녘에
여백 같은 노년의 마음이 있다

때론 아름다운 빛깔의 세상에서
마음의 평화를 누리며 산다
요즈음 같은 무질서하고 불확실한 세상에선
전쟁과 투쟁의 요철凹凸같은 인생을 살기도 한다
어린 시절 보았던 고요히 흐르던 강물이
어른이 된 지금에사 시뻘건 강물로 격하게 흐른다
어찌하여 공존의 세상에서

예측할 수 없는 불확실한 시대를 살아야 하는가
인생의 길은 허정虛靜의 세계
티끌 같은 생명 다독이며
자연의 순리를 숙명처럼 살아야 한다
왜 그런지는 모르지만 길 위에 숲에서는
하여간 그냥 그렇게 살아야 되지 않을까

5
재창조의 시대

베틀 노래

영산강 줄기 굽이굽이
굽이쳐 흐르는 한 모퉁이를 돌면
샛골나이 초가집들
무명베 짜는 베틀 소리가
높푸른 가을 하늘 가른다

손길 바쁜 아낙네의 모습은
언제나 그렇듯 이리 저리 몸을 가누며
길게 읊조리는 베틀 노래는
구수하고도 애닳은 가락이다

하늘에다 베틀 놓고
구름 잡아 잉에 걸어
비자나무 북에다가
대추나무 바디 집에
얼경절경 짜니랑께
둥당기다 둥당기다
당기둥당기 둥당기다

씨 뿌려 목화를 거두고
씨앗기, 숨타기, 실잣기, 베뽑기, 베날기, 베매기,
베짜기에 이르면
여인의 손길은 번개같이 빠르고
어깨를 들썩인 율동의 아름다움

우리의 예스런 춤사위에
절로 신이 난다

밤이 깊도록 쉬지 않고
덜거덕 덜거덕 짜놓은
무명 한 필 과연 누구의 옷이련고
한 여인의 고된 시집살이 삶 속에서도
남편과 아들 시부모를
공경하는 마음과 그윽한 사랑
이것이야말로 우리네 여인들의
어여쁜 얼굴이 아니겠는가

양반님네 고얀 사치와 욕심으로
미투리 속적삼 고쟁이의 안감과
백골징포白骨徵布의 수탈로
헐벗고 고된 삶의 그림자들
한때 옥양목에 질세라
여인들의 손길이 더 빨라졌던
어두운 시대의 뒤안길
기쁨과 슬픔의 한이 서린
샛골나이 무명베
우리네 여인들의 삶이며 생명이다
초라하지만 우리는 멈출 수 있겠는가!

여자 친구

식도락이 몸에 밴
여자 친구의 빈객으로
맛난 점심을 먹고
찾아간 찻집
이름하여 고이 '무위無爲'란다.
다래기 소반에 받쳐 온 차 한 잔
따스한 물로 우려낸 오렌지 그린 차
차를 마시기보다 향을 마신
나의 미각은
선악仙樂과 함께
여아麗雅한 아치雅致를 맛본다
다도茶道의 극치는
사르르 숨결에 깃든 향기
연인처럼 숨겨진 향기
여인은 베일 속에 가려져야 예쁘다
베일 속의 여인
내 여자 친구가 그렇다
그 여인과 노닌 오늘 하루가 즐겁다
내일 또 만나 주려나

봄이 오면

봄이 오면 꽃님네들이
새잎 갈아입고
살을 에는 얼음 견디고
새싹으로 생명 찾는다
때로는 봄을 시샘하여
꽃샘추위에 북녘 골짜기
상고대 설화 속에 눈꽃 피고
북녘에는 홍매 가지 위에 꽃 봉우리
부끄러워 붉게 웃는다
어렵사리 잠든 세상 깨우는
먼동 트는 새벽 빛
봄은 동트는 땅의 순결이다

단골집 1
-먹거리

단골집은 언제라도 편하다
까탈스러운 내 입맛을
그나마 구걸하지 않으리다
음식 맛은 손깔 맛
불혹의 나이 들면
손깔 맛 때문에 사는지도 모른다
사람의 손가락 사이에서 배어나오는
나름대로의 손가락 맛이 다르리니
내 아내의 손맛은
어머니로부터 물려받은 향수의 씨앗
사는 맛을 느끼게 하는 인생의 향락이로다
얼마나 빨리 나오기보다
얼마나 정성을 많이 들였는가에
손깔 맛은 달라진다

불길이 은은한 문화¤※보다
재로 덮어둔 여화¤※로 달군
된장찌개 맛은 우리 집 가문의 내력이다
된장 맛으로 이불 속 며느리를 들여다보던 어머니는
아침마다 며느리의 손길을 살피신다
오래도록 달군 된장찌개 맛은

은밀한 사랑의 로맨스
혈중 당도를 높이는 생리적인 맛보다
신맛이나 쓴맛처럼 정서적인 맛으로
자란 나에겐 옛 그림 한 수저를 좋아한다

쉼표가 없는 대량 생산의 현대사회
와이프가 아내를 밀어내는 풍토
불고기 파티를 엔조이하기보다
온갖 봄나물들을 참기름으로 둘러
바가지 채로 먹던 그 시절이 그립다
하여 나는 촌스럽게 먹고
촌스럽게 자랐기에
단골집은 나를 반겨준다

단골집 2
-옷거리

반평생 몸 담아온 교직 생활
옷거리는 나와 일생을 같이한 동반자
와이셔츠와 넥타이의 정장은
옷거리의 단골 격이다
긴 세월 젊은 여인네들을 가르쳐 온
인생의 반려자
함께 사는 이웃처럼
너와 나의 거리가 없는 친구
잔칫날 행사가 있듯이
계절에 따라 옷맵시도 달라진다
하여 옷이란 인품이요 몸가짐이니
공복公服을 예복처럼
하늘의 옷감으로 밤과 낮의 빛깔로 다듬어
항시 입던 조선의 선비들과 무엇이 다른가
유난히 흰옷을 즐겨 입던
백의민족의 후예들
풀로 날이 선 흰 블라우스와 검정 스커트의
여고생 교복 차림은
수정 같은 청순한 젊음을 함께 한
한 폭의 동양화다
푼푼하게 마름한 그 교복은

모두가 함께~라는 옷 물림의 습속에 따라
동생이 입었고
모두 나요 우리라는 되물림의 엘레지다
그때 그 시절 옷거리의 옛 그림은
그리움의 고향
그래서 단골 옷거리의 집은
고향 같은 향수가 젖어 있는
만남의 터다

동 틀 무렵

생명이 약동하는 아침의 성찬
골짜기를 넘어 어둠을 살라 먹고
빨갛게 천지를 물들인 태초의 얼굴
원시의 숲에서
여명의 빛 무늬를 수놓고
새로운 하루를 창조하는
천지의 빛깔
바다 언덕에 붉은 해가 떠오르면
온갖 물상이 춤을 춘다
하여 사람들은 잠에서 깨어나
새로운 날을 열어가고
바쁜 하루가 시작된다

땅의 순결이 황금 햇살에 머물면
뭇 생명들이 꿈틀거려
그 빛과 향기와 기운이
맑고 아름다움으로 숲을 이루고
봄의 들꽃 엘레지*처럼
새록새록 깊어갈 인연이 시작되고
풀들의 이름을 불러 주었을 때
비로소 우리에게 의미가 되고

지혜와 행운을 건네는

눈부시게 아름다운 세상은 열릴지로다

*엘레지 : 산의 숲속에서 10~20Cm 높이로 자라는 여러해살이풀.
두 장씩 나는 타원형 달갈형의 잎 표면에 자주색의
얼룩무늬가 있어 엘레지라고 함.

매화 예찬

잠든 세상 깨우는 먼 동 트는 붉은 빛
그 서늘한 물살로 벙그는 홍매 봉우리
세속의 어둠을 뛰어넘는 너의 고고한 기질
적막하기 그지없이 영그는 소리들
가지 끝에 밝은 달 찾아오면
맑고 차가운 살결이 더욱 어여뻐
한 점 부끄럼없기에 마음 씻는다

모진 추위 버티는 그 마음 누구에게 주려나
눈서리 먹고 자란 성숙의 열매
미숙한 내 삶의 열매 맺기에
나즈막한 소리로 너의 이름 부른다
설중매란 이름의 열매이니라

봄의 소리

봄바람 불 때마다 종을 치는
청아한 소리
조랑조랑 말린 꽃송이가 열두 가락 가야금을 타고
숲 속을 번진다
개여울엔 잔설이 소리 없이 녹아
졸졸졸 흐르는 소리
낙엽지면서 겨울 속에 숨어 버린 겨울 눈 속엔
암술과 수술이 웅크린 채 겨울잠에서 깨어나
봄바람 타고 꽃눈이 열린다
때마침 숲속을 울리는 종달새의 타종打鐘이
고요하고 적막한 숲속을 흔들며 메아리져 온다

봄의 소리는
움트는 소리 새소리 물소리 숲속 메아리
모든 소리는 생명의 소리들
봄은 교향악의 전당이다

동반자

사람이 살아간다는 것은
꼭꼭 숨은 아이 머리카락 찾아내는
숨바꼭질 같은 놀이
얼마간 헤맸지만 끝내 찾지 못한
술래잡기
기뻐서 울고 눈물 지어 웃는
한 편의 연극이 공연되는 곳

구경꾼이 많아진 세상에서
당신이 할 일은 딱 하나
웃음 주는 일
내일도 모레도 함께 살아가야 할
당신과 나는
바람 잦은 언덕 길 위에서
땀내 나는 손길 어루만지며
오던 길 함께 가는 동반자이기를….

연세 58학번 후배 시인이
20년 선배 윤동주에게
-2025 윤동주 순국 80주기를 기리며

아버지 같은 선배 형님, 벌써 80년이 흘렀습니다.

후쿠오카 형무소에서 몽규 형님과 함께 순국하신 날, 형님 나이 28세 청춘이었습니다. 그렇게도 염원했던 조국 해방을 목전에 두고 동주 형님은 펜을 들어 시로써 시대를 부활했고, 몽규 형님은 행동으로 지성을 표상하셨습니다. 두 분 형님들의 꿈꾼 세상은 하나였지요. '조국의 자유, 인간의 존엄 그리고 더 나은 미래'였습니다.

돌이켜 보면 관악산을 바라보고 유유히 굽이치는 한강을 안은 무악산 아래 배움의 터로부터 시작됩니다. 배움터 아래 하숙집 앞 창천 냇가를 건너 철둑 밑 어두컴컴한 돌다리를 돌아 나오면 백양로 숲길이 아침 햇살에 반짝입니다. 그 길 따라 오르면 돌계단 앞에 담쟁이 넝쿨로 엉켜진 돌담집(학당 본관) 배움터가 눈앞에 다가섭니다. 2층 201호 강의실에서 고매하신 은사님들의 열강을 듣던 형님의 모습이 아련히 떠오릅니다. 외솔 최현배 선생님의 낭랑한 목소리, 선배 동문인 한결 김윤경(1922년 졸업 학번) 선생님의 묵직한 목소리를 어찌 잊을 수 있겠습니까. 저도 형님과 같이 그 강의실에서 두 분 은사님들의 열강을 들었기 때문입니다.

우리말의 뿌리인 『우리말본』과 『조선어 문자급 어학사』는 우리 민족의 정서와 사상을 표현하는 모든 학문의 근간으로 우리나라 사람은 누구나 알아야 할 삶의 기본이요, 말(언어) 없이는 한순간도 살 수 없는 삶의 척도입니다.

 "인왕산 아래 흐너진 옛 성가에 오백 살 먹은 늙은 큰 은행나무가 또다시 첫여름의 성장을 이룬 위용 거자 巨柘를 바라보면서 행촌재 杏村齋 동창 앞에서 감매 한 방우 적음"
 『우리말본』의 머리말이 말해 주듯 일제 강점기 암흑 속에서 우리 젊은이들이 나아갈 길을 예시하고 있지 않습니까. 오백 년을 성장한 은행나무의 커다란 위용은 조선 청년들의 기상이요, 미래 세계의 표상입니다.

 형님의 학번(1938년 입학)과 아우인 제 학번 (1958년 입학)과는 꼭 20년의 차이가 있지만 형님들께서 꿈꿨던 세계와 제가 꿈꿨던 세계는 다르지 않습니다. 연세인의 정신인 '자유와 진리'가 아니겠습니까.
 언제나 그렇듯 강의가 끝나면 학관 옆 숲길을 따라 아카시아 언덕길에는, 형님이 자주 다니셨던 청송대

한가운데 형님의 「서시」가 새겨진 시비가 세워져 오가는 후배들의 삶의 이정표가 되고, 형님의 「별 헤는 밤」은 국민시가 되었습니다.

청송대와 아카시아 언덕길은 형님처럼 고향 떠나 서울로 유학 온 연세인들의 마음의 고향이요, 만남의 광장입니다. 책가방 베개 삼아 풀숲에 누우면 파아란 하늘이 바다처럼 펼쳐집니다. 별 하나에 고향 마을, 별 하나에 어머니, 별 하나에 옛 벗들…. 형님의 시를 암송하며 그 정신을 마음 깊이 새깁니다.

형님의 순국 80주기를 맞아 일본에 유학하셨던 도시샤대에선 명예박사 학위 수여식과 릿교대에선 시 낭독식 추모행사 등도 열렸습니다. 형님과 몽규 형님의 순국은 먼 이웃에서 가까운 이웃으로 옮아가는 인류 공동의 번영에 헌신하는 범세계적 정신의 근간인 진리와 자유가 아니겠습니까.

형님과 저의 모교요, 배움의 전당이었던 연세배움터에서는 형님과 관련한 다양한 행사(연극, 기념관 야간 개장, 포럼, 연희전문과 독립 운동)를 치를 예정입니다. 이에 앞서 형님의 80주기를 이틀 앞둔 2월 15일에 연세대 청송대 시비 앞에서 '윤동주 송몽규 80주기 추모식'을 열고 「별 헤는 밤」 한 구절이 신촌캠퍼스 루스채플에서 울려 퍼졌습니다. 이 부족한 아우도 3월 7일 서울역사박물관에서 서울시인협회가 주최한 '윤동주 80주년 추모 시낭송회'에 참석해 전국 시인 낭송가들과 함께 윤동주 시정신을 선양했습니다.

혼탁한 세파에서 시가 독자로부터 멀어져 가는 현상을 두고 볼 수 없다는 뜻을 같이한 시인들이 모여 '시의 대중화' 운동을 펼치는 '서울시인협회'를 조직하고 <월간시인>을 운영하는 데 이 아우도 작은 도움을 드리려고 합니다. 서울시인협회는 '윤동주 탄생 100주년을 기리는 선포식'(2017)을 개최한 후부터, 순국 80주년인 2025년 현재까지 윤동주 시정신을 드높이는 여러 이벤트 기획, 출판 등을 실행하고 있습니다. 또한 매년 형님의 삶과 문학의 발자취를 찾아 탐방하고 참배하고 있습니다. 이 모두가 형님이 남기신 고매한 업적과 정신을 기리려는 일들입니다.

형님이 순국하신 후 저는 아버님의 지인이신 김윤경(22학번) 은사님의 권유로 연세대 국문학과에 입학(58학번)하여 형님이 강의 듣던 그 강의실에서 최현배, 김윤경(22), 박영준(34), 박창해(39), 유 영(43), 장덕순(44), 정병욱(44), 이군철(44) 교수님 등의 강의를 들으며 배웠습니다. 형님의 선배거나 후배 동문들인 이 분들은 제게는 모두 은사님으로, 국문학과 영문학을 비롯하여 브나로드 운동의 계몽사상과 한글에 담긴 민족 사상, 기독교를 모태로 한 자유와 진리, 더 나은 미래를 위한 인류애 사상까지 심도 있게 가르쳐 주셨습니다. 이제 제가 할 일은 저의 제자요 후배들에게 선배님들의 뜻을 열심히 넘겨주는 일입니다.

마지막으로 형님의 시 「별 헤는 밤」 마지막 구절을 조용히 암독해봅니다.

"내 이름 석 자 묻힌 언덕 위에도 자랑처럼 풀이 무성할 거외다"

평설

시의 거울 앞에서 자신의 삶을 담금질하는 노시인의 사유에 동참하다
- 박광익 시인의 시를 마주하며

이충재
(시인, 문학평론가)

산행을 나서다 외딴 민가의 풍경에 순간 마음을 빼앗겨 본 경험을 누구나 가지고 있을 것이다. 다 쓰러져 가는 외딴집에 딸린 텃밭에서 후일을 기약하면서 연신 파종을 하거나 추수하는 일에 열심을 내는 촌로의 부지런함과 집의 구석구석을 수선하고 연장을 세심하게 정리하는 진지한 동작을 보고는 한참을 머물다 돌아설 때가 있다. 생각 없이 가볍게 생각하는 사람들은 촌로의 남은 세월을 헤아리거나 다 쓰러져 가는 가옥의 연수를 헤아려 판단의 기준으로 삼겠지만, 그 촌로에게는 하루 한 시간이 가장 소중한 삶이기에 나름대로 최선을 다하는 것이다. 필자는 그 모습에서 아름다운 가치를 발견하였다.

삶이 바로 그런 것이다. 대한민국은 예로부터 새것만을 선호하는 관습의 지배를 받아왔다. 그래서 온통 마을이 재개발이라는 명목 아래 송두리째 변화를 꾀하여 혼적조차 찾아보기 어려운 낯선 도시로의 그림자(우리 안의 또 다른 가능성, 진정성이 내재해 있는 삶의 유형을 되찾고 사모해야 함을 원칙으로 삼지 않은 성공주의자들의 이면의 세계)를 양산하는 형태가 오늘의 모습이 되고 말았다. 익숙한 것과의 강제적인 결별을 강요당한 탓에 영적으로 쉼의 공간을 잃고 충분한 안식의 시간을 박탈당하고 방황하고 있다.

문명의 이기가 몰고 온 부정적인 점을 염두해 두지 않는다는 것은 인간성 상실의 기형적인 현상을 위한 대안이란 맥을 놓치게 되는 결과이고, 가장 소중한 것을 잃게 되는 정신적 공허함에 직면하게 됨을 지적하지 않을 수 없다. 그래서 우리는 역사의 산증인으로서의 노년에 이른 인생 멘토들의 말과 삶의 이력에 관심을 집중시키지 않을 수 없는 것이다. 그분이 예술적 기록을 가치 있게 생각하는 사유와 통찰력과 감성과 이성의 조화를 경험하면서 살아가는 시인이라면 더더욱 좋다.

박광익 시인이 바로 그런 분이라고 말할 수 있겠다. 연세는 올해 88세, 미수米壽를 맞이하신다. 박광익 시인의 삶과 사상에 대해서는 박 시인의 저서인 시와 산문집 『생각의 숲을 걷다』에서 자전적인 기록을 읽고 알게 되었고 그 저서에 함께 수록되어 있던 시 두 편을 관심 깊게 읽기도 하였다.

안주安住한다는 것은

자신을 잃는 것

산같이 밀려오는
어둠의 그림자

하여 깊이를 알 수 없는
심연의 고독

유랑자의 풀꽃이
봄소식을 알려오면

강남에서 날아온 제비
날개를 파닥이며 계절을 반역한다
그렇게 목말라 헤매던 젊은 시절
슬픔이다가
눈물겹도록 이슬이다가
촉촉히 젖어 오는
황혼의 들길에서
잃어버린 세월을 반추한다

너는 누구를 위하여
행진곡을 연주하는가

봄은 벌써 안개꽃 갈아입고
서럽게 가난하던 날에도
푸르른 고독을 노래하는

설레이는 바람인 것을….

-박광익 시 「봄에게」 전문

이 시에서 가장 긴밀하게 눈높이를 맞추어야 할 연은 6연과 7연, 8연이다. 현재라는 시대는 대화의 단절, 소통의 관료가 꽉 막히거나 절단된 시대이다. 전통적으로 한 세대를 30년으로 보아 아버지와 아들, 그리고 할아버지까지 대화가 순조롭게 이루어진 시대에 비하여 현재는 세대의 주기가 10년 이하로 축소된 까닭에 소통의 불안 요소를 낳고야 말았다. 그럼에도 불구하고 박광익 시인은 주변의 정신적 교감이 충분히 가능한 독자들을 향해서 자신의 일상적 사유의 지경을 노출시키고 있다.

6연이 그렇다. "그렇게 목말라 헤매던 젊은 시절/ 슬픔이다가/ 눈물겹도록 이슬이다가/ 촉촉히 젖어 오는/ 황혼의 들길에서/ 잃어버린 세월을 반추한다"

우리가 사노라면 많은 만남을 갖게 된다. 그 중 가장 중요한 대상으로서의 멘토라고 하면 단연코 먼저 인생을 경험한 분들의 면전에 서는 것이다. 그래서 '선생'이라는 호칭이 가장 아름답고 진정성 있게 들리는 이유다. 더욱이 그냥 세월만 흘려보낸 보편적 대상으로서의 노인이 아닌 삶의 질곡을 역행하기 위해서 모진 고통과 고뇌와 시련을 감내하면서 달려온 어르신의 개념 안에서의 '선생'이 필요한 시대가 되었다.

그런 고백을 7연에서 발견할 수 있다. "너는 누구를 위하여/ 행진곡을 연주하는가" 거룩한 질문을 스스로 던질 수 있는 삶을 사신 분에게서나 들을 법한 질문인 것이다. 이어서 결론을 내리고 있다. "봄은 벌써 안개꽃 갈아입고/ 서럽게 가난하던 날에도/ 푸르른 고독을 노래하는/설레이는 바람인 것을…"

그리고, 1960년대 쓰신 다음의 시를 읽으면서도 많은 생각을 하게 되었다. 박광익 시인의 초기의 시 경향과 2000년 이후 최근에 발표한 작품 사이의 시적 변화의 흐름을 1960년대의 초기 시를 통하여 추청할 수 있어서 기쁜 마음으로 읽었다.

칡넝쿨 얽혀진 골짜기를
타고 넘어오는 여명
어제를 잃은 목마름에
피보다 짙은 생명들이
오래도록 목을 추긴다.

무거운 침묵이
깊숙이 깔린
이 엄청난 시간의 뒤편에서
사나운 동물의 포효가
밀물에 잠긴
영겁의 일기들.

시뻘건 강이 흐르고
십자가의 아픔이
골고다의 언덕을

넘어섰을 때
아! 하늘은 푸르렀다
동산엔 태초의 옷자락이
빨갛게 익혀진 창세기 제1장
수펄들이 잉잉거릴 때
뼛속 그 안에 묻힌 울음을 파헤친
원시림 호흡
산의 커다란 울림이
연연한 구름 저편에서
메아리쳐 터져버린
핏빛 하늘

꽃잎에 반짝이는
아침 이슬 맺힌 슬기
지혈이 타는 훗훗한 입김
뜨거운 배위의 가슴으로
땅을 배게 하라
시뻘건 땀이 뿌려진 땅에
원시를 산다.
─「원시를 산다」 전문

 이 시를 읽으면서 크게 느낀 점은 오랜 세월을 버텨온 분들과 자연의 흐름 앞에서는 침묵을 지켜야 한다는 점이다. 더욱이 그 삶의 순간순간을 건강한 사유를 하고, 그 사유의 결과물을 기록으로 남겨온 분들 앞에서는 말은 하지 말고 귀와 마음을 열고 겸허한 마음으로 대해야 한다는 당위성이었다. 요즘처럼 말이 많은, 진중한 삶을 살지도 못하는 이들의 말 많음이 요란한 시대에서 우리는 분노와 혼란을 느끼면서 공존해야 하는 게 현실이기 때문이다.

박광익 시인의 시에서는 한창 젊었을 때의 그 의기가 도드라지게 드러나는 것 같아 힘이 느껴진다. 노는 일이나 일을 하는 삶이나 집필을 하는 행위조차도 몇 살 더 젊었을 때처럼 그 에너지가 느껴지고, 그 모든 소재와 주제가 살아 있는 것처럼 생동하여 하나의 굳은 인문의 화석으로 남겨진다는 사실을 깨닫게 되었다. 이는 오늘의 시인들이 본받아야 할 미덕임에 틀림없다.

> 사람이 살아간다는 것은
> 꼭꼭 숨은 아이 머리카락 찾아내는
> 숨바꼭질 같은 놀이
> 얼마간 헤맸지만 끝내 찾지 못한
> 술래잡기
> 기뻐서 울고 눈물지어 웃는
> 한 편의 연극이 공연되는 곳
>
> 구경꾼이 많아진 세상에서
> 당신이 할 일은 딱 하나
> 웃음 주는 일
> 내일도 모래도 함께 살아가야 할
> 당신과 나는

바람 잦은 언덕길 위에서
땀내 나는 손길 어루만지며
오던 길 함께 가는 동반자이기를 …
-박광익 시 「동반자」 전문

이 시는 2000년대 이후 쓰신 근작 중의 하나다. 80년 이상을 이 땅에서 살아온 그 정신과 필력은 이 작품 한 편 속에 그 누구도 따라 할 수 없는 숨은 역사와 애환을 잘 담고 있다.

한 달 전쯤 박광익 시인에게서 시집을 준비하신다는 기쁜 소식을 들었다. 그래서 시와 산문집 『숲을 걸으며』을 소개하는 글을 블로그에 올린 인연으로, 박광익 시인은 시집에 수록되는 신작시 몇 편을 보내주셨다. 독자보다 먼저 시를 감상할 기회를 만들어주셨으니 이 또한 감사하지 않을 수 없었다.

정적이기보다는 동적이고, 정체된 이미지이기보다는 자리를 박차고 어디론가 끊임없이 비상하는 듯한 이미지로 읽히는 시 한 편을 소개한다. 시집의 표제表題이기도 한 「동 들 무렵」이다. 이 시는 가만히 머물러 사유의 독안에 갇히기보다는 사유를 통해 취득한 청사진을 받아 든 이상 무엇인가를 형성하고 입체적 결과물을 내야만 하는 다급한 요청을 받고 떠날 채비를 완료한 사람의 비장감마저 느껴진다.

생명이 약동하는 아침의 성찬

골짜기를 넘어 어둠을 살라 먹고
빨갛게 천지를 물들인 태초의 얼굴
원시의 숲에서
여명의 빛 무늬를 수놓고
새로운 하루를 창조하는
천지의 빛깔
바다 언덕에 붉은 해가 떠오르면
온갖 물상이 춤을 춘다
하여 사람들은 잠에서 깨어나
새로운 날을 열어가고
바쁜 하루가 시작된다

땅의 순결이 황금 햇살에 머물면
뭇 생명들이 꿈틀거려
그 빛과 향기와 기운이
맑고 아름다움으로 숲을 이루고
봄의 들꽃 엘레지처럼
새록새록 깊어갈 인연이 시작되고
풀들의 이름을 불러주었을 때
비로소 우리에게 의미가 되고
지혜와 행운을 건네는
눈부시게 아름다운 세상은 열릴지로다

-박광익 시「동 틀 무렵」전문

크게 두 개의 연으로 나누어 기술되고 있지만, 연계 선상에서 하나로 볼 수밖에 없는, 시인의 소망이 내재된

벅차 오르는 환희를 소환하고 있는 작품으로 읽힌다.

　대한민국은 수도 없이 많은 내우외환에 시달려온 민족임은 자타가 공인하고 인정하는 바다. 그럴지라도 정신을 바싹 차리고 건전하고도 건강한 대안과 함께 인간에게 초점이 맞추어진 기초가 잘 마련된 번영의 교각을 제대로 놓아야 할 시국에 직면한 것 또한 부인할 수 없는 사실이다.

　역사적으로 볼 때, 대한민국이 가장 찬란하고도 가슴 벅찬 시기가 언제였을까 생각해 봄직하다. 삼국통일? 동학? 6.25전쟁의 종료와 부활? 새마을운동? 경부선 고속도로의 신설? 전기의 공급? GNP의 초과 달성? 88올림픽의 신화? 2002월드컵 4강의 놀라운 기적?

　분명한 것은 이보다도 더욱 가슴 벅찬 사건은 1945년 8월 15일 광복이라고 말할 수 있을 것이다. 일제 식민지 36년의 깊은 수렁을 벗어나 광활한 문명의 선진국으로 향하는 이정표가 실린 깃발을 내건 시발점이 된, 대한민국의 해방을 선포한 광복절이라고 자신 있게 고백할 수 있다.

　시 「동 틀 무렵」은 그 저력과 절절한 소망과 간청이, 그리고 오대양 육대주를 질주하게 하는 것도 모자라 우주강국으로의 진출을 염원하는 바람이 짙게 깔린 시라고도 할 수 있다. 이미 동은 터 올라 중천에 그 빛을 발산하고 있다. 그럼에도 불구하고 시인이 왜 이와 같이 시의 제목을 「동 틀 무렵」이라고 노래하고 있을까? 이는 초심을 다시 붙잡아야 할 절호의 시기라는 점을 강조하고 있는 건 아닐까?

  우리는 여기에 방점을 찍고 깊이 있게 사유하면서 서로 대면하고 진지한 인생 토론, 문명의 방향성 개진, 지구의 환경 및 기후의 심각성을 향한 대안 모색, 대한민국의 정체성을 논하는 탁상공론이 아닌 허리띠 풀고 들어앉아 일생일대 단 한 번뿐인 심의를 거듭해야 한다는 의도가 깔려 있다.

  그 기초이자 시발점을 바로 8.15 광복을 맞이하게 된 그 시절로 컴백하여 "좀 더 순수해지자, 그리고 동포를 사랑하고 하나가 되어 보자, 잃었던 신뢰성을 회복해 보자, 건강한 문명 문화를 재창조해 보자"고, 자신만의 탐욕 성취주의에서 용기 있게 일탈하여 조국과 개인의 건전한 발전을 꾀하는 순전한 가치관을 위해서 간곡한 청을 넣고 있는 비장감이 느껴지는 작품이 바로 「동 틀 무렵」이다. 그래야만 대한민국은 제2의 또는 제3의 도약을 약속받을 수 있게 되는 것이다.

  이 시대는 인문학, 종교, 교육, 예술 문화, 정치 분야의 멘토들을 너무 많이 잃고 있다. "그 많은 지성인들은 다 어디로 갔는가?" 탄식했던 프랭크 퓨레디의 절규가 귓전을 때리는 듯하다. 그리고 「동 틀 무렵」 2연의 자기 확신 "땅의 순결이 황금 햇살에 머물면/ 뭇 생명들이 꿈틀거려/ 그 빛과 향기와 기운이/ 맑고 아름다움으로 숲을 이루고/ 봄의 들꽃 엘레지처럼/ 새록새록 깊어갈 인연이 시작되고/ 풀들의 이름을 불러주었을 때/ 비로소 우리에게 의미가 되고/ 지혜와 행운을 건네는/ 눈부시게 아름다운 세상은 열릴지로다"의 포효가 가슴을 친다.

대한민국이 더 이상 마르틴 베를레의 고백의 서 『나는 정신병원으로 출근한다』가 아닌, 비록 지상낙원은 아닐지라도 진정으로 국민이 마음 놓고 의탁, 의지하고 국민의 순수 주권 아래서 참된 의미와 가치 행복을 추구하면서 살아가는 그런 신뢰가 회복되는 민족이기를 간절히 바라는 마음이 박광익 시인의 가슴 북을 연신 두드리는 간절한 소망이리라고 생각한다. 그 소망의 간절함이 앞에 소개한 시에서 발견되어 경종과 빛의 역할을 하리라 확신한다.

"지금은 어두운 밤일지라도 영원히 빛날 찬란한 여명의 그날"(「봄에게」와 「동틀 무렵」)이 다시 찾아오기를 바라고 원하는 그 간절함을 박광익 시인과 함께 기원한다.